Je suis capable!

Traversons le Canada!

Au Canada — D.P.

Catalogage avant publication de Bibliothèque et Archives Canada

Pelletier, Dominique, 1975-, auteur, illustrateur
Traversons le Canada! / Dominique Pelletier.

(Je suis capable!)
ISBN 978-1-4431-6019-3 (couverture souple)

1. Canada--Descriptions et voyages--Ouvrages pour la jeunesse.
I. Titre. II. Collection: Pelletier, Dominique, 1975- . Je suis capable!

FC58.P45 2017   j917.1   C2017-900623-1

Édition publiée par les Éditions Scholastic, 604, rue King Ouest, Toronto (Ontario) M5V 1E1.

5 4 3 2 1   Imprimé au Canada 119   17 18 19 20 21

Je suis capable!

Traversons le Canada!

Dominique Pelletier

SCHOLASTIC

Je m'appelle
Gustave...

Je m'appelle
Olivia...

et je peux

tout faire!

Aller à la mer en Nouvelle-Écosse?

Halifax

Je suis capable!

Pêcher le homard au Nouveau-Brunswick?

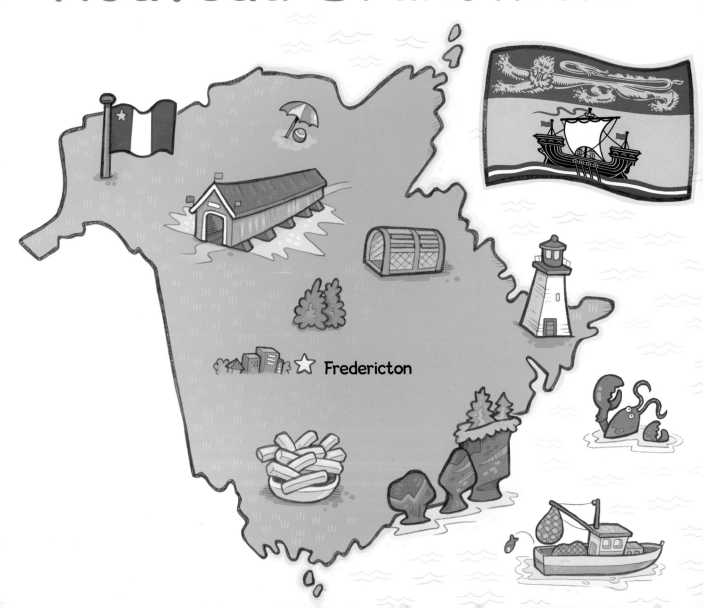

Fredericton

Je suis capable!

Traverser le pont de la Confédération à l'Île-du-Prince-Édouard?

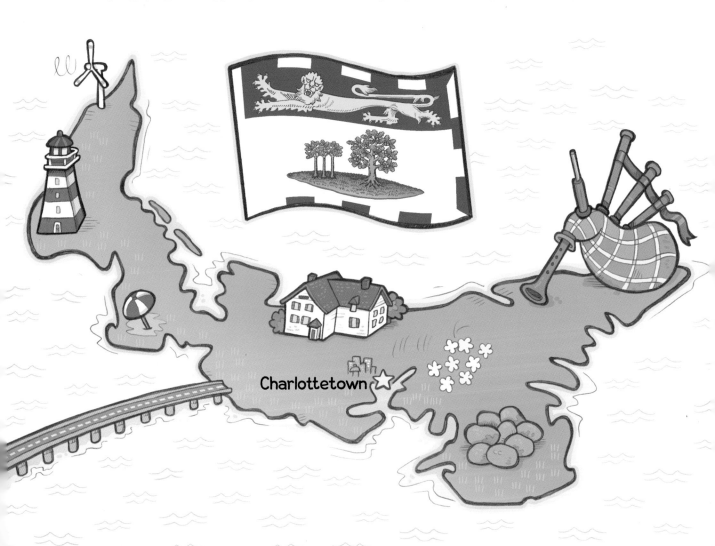

Charlottetown

Je suis capable!

Voir les baleines à Terre-Neuve-et-Labrador?

St. John's

Je suis capable!

Manger dans une cabane à sucre au Québec?

Québec

Je suis capable!

Découvrir les chutes Niagara en Ontario?

Je suis capable!

Photographier les ours polaires au Manitoba?

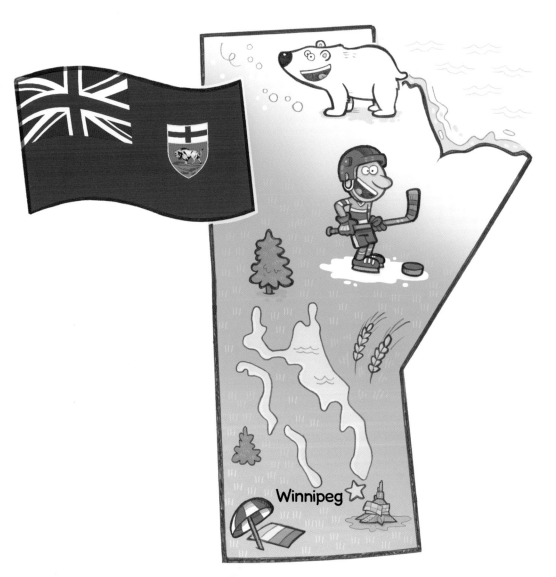

Winnipeg

Je suis capable!

Monter à cheval en Saskatchewan?

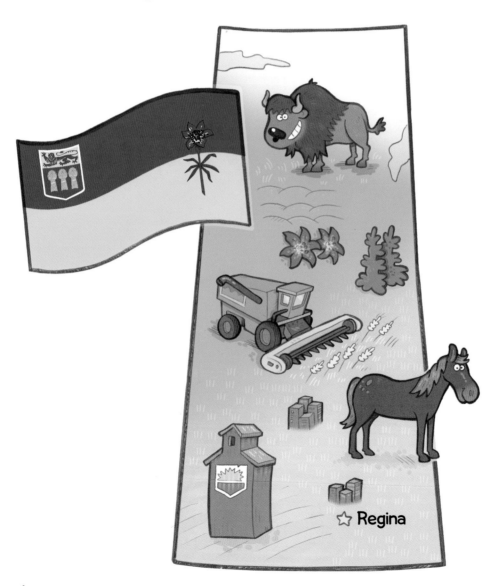

Regina

Je suis capable!

Visiter un musée en Alberta?

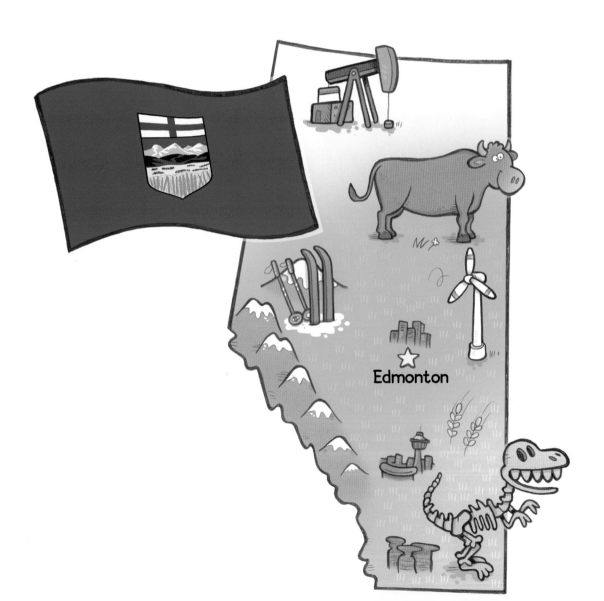

Edmonton

Je suis capable!

Explorer la nature en Colombie-Britannique?

Victoria

Regarder les aurores boréales dans les Territoires du Nord-Ouest?

Yellowknife

Escalader une montagne au Yukon?

Whitehorse

Je suis capable!

Bâtir un inukshuk au Nunavut?

Iqaluit

Je suis capable!

Sauf tout voir en

une seule journée!